CHAMBRE DE COMMERCE

D'AMIENS.

QUESTION DU PRIVILÈGE

A ACCORDER

AUX CONSTRUCTEURS-MÉCANICIENS

SUR LES MACHINES DEVENUES IMMEUBLES
PAR DESTINATION

RAPPORT

Présenté par M. Eugène GALLET

Dans la Séance du 18 Novembre 1885

AMIENS,

IMPRIMERIE TYPOGRAPHIQUE ET LITHOGRAPHIQUE T. JEUNET
45, Rue des Capucins, 45,

1885.

CHAMBRE DE COMMERCE

D'AMIENS.

QUESTION DU PRIVILÈGE

A ACCORDER

AUX CONSTRUCTEURS-MÉCANICIENS

SUR LES MACHINES DEVENUES IMMEUBLES
PAR DESTINATION

RAPPORT

Présenté par M. Eugène GALLET

Dans la Séance du 18 Novembre 1885

AMIENS,

IMPRIMERIE TYPOGRAPHIQUE ET LITHOGRAPHIQUE T. JEUNET

45, Rue des Capucins, 45,

1885.

CHAMBRE DE COMMERCE D'AMIENS

SÉANCE DU 18 NOVEMBRE 1885.

PRÉSIDENCE DE M. CHARLES LABBÉ.

L'ordre du jour appelle la lecture du rapport de M. Eugène Gallet sur la question du privilège à accorder aux constructeurs-mécaniciens sur les machines devenues immeubles par destination.

Voici ce rapport :

MESSIEURS,

Vous m'avez confié, à la fin de l'année 1884, l'examen d'une pétition adressée à M. le Ministre du Commerce, par l'Union industrielle des arrondissements de Valenciennes et d'Avesnes, tendant à provoquer la confection d'une loi, qui, par la création d'un privilège spécial, identique quant à ses effets au privilège conféré au vendeur d'un immeuble proprement dit, garantisse aux constructeurs-mécaniciens, fondeurs, chaudronniers, etc., etc. le paiement des machines et appareils livrés aux établissements industriels. Les pétitionnaires, au nombre des motifs invoqués par eux, faisaient ressortir que le Code Napoléon encore en vigueur en Belgique avait été modifié dans ce sens en 1851, et que depuis cette époque les constructeurs d'appareils et de machines destinés à l'industrie et devenus immeubles par destination, jouissent, sous certaines conditions, d'un privilège semblable à celui conféré au vendeur d'un immeuble, mais seulement pendant une période de deux ans.

J'ai eu l'honneur, dans le courant du mois de Février dernier, de vous donner lecture des considérations que cette pétition m'avaient suggérées et je terminais en vous signalant les avantages que notre industrie serait appelée à retirer de l'adoption en France, d'une législation semblable à celle en vigueur en Belgique.

Depuis et conformément aux conclusions du rapport que M. Charles Labbé vous a présenté sur le projet de loi relatif à la réforme de la législation des faillites, vous avez exprimé le vœu que l'article 550 du Code de Commerce fût modifié dans le sens de la loi belge (1).

---

(1) *Extrait du rapport présenté à la Chambre de Commerce d'Amiens par M. CHARLES LABBÉ, dans la séance du 7 Mai 1885 et adopté dans cette même séance.*

Page 20. — Les dispositions relatives aux . . . . ne sont que la reproduction de la législation actuelle. Mais nous pensons qu'il serait sage d'introduire dans l'article 550 (du Code de Commerce), une disposition qui existe dans le Code belge sous le n° 546.

Vous savez, Messieurs, que l'article 550 du Code français supprime en cas de faillite « le privilège et le droit de revendication établis par le n° 4 de l'article 2,102 du Code civil, au profit du vendeur d'effets mobiliers ».

Le n° 4 de l'article 2,102 est ainsi conçu :

« Les créances privilégiées sur certains meubles sont : n° 4, le prix « d'effets mobiliers non payés, s'ils sont encore en la possession du « débiteur, soit qu'il ait acheté à terme ou sans terme ».

Vos Commissaires, Messieurs (a), ne voient pas la raison pour laquelle les garanties légales qui ont pu déterminer un vendeur à livrer des marchandises, lui seraient enlevées par suite de la faillite de son débiteur.

Si l'article 2,102 n'avait pas constitué un privilège en faveur du vendeur,

---

(a) MM. Charles Labbé et Eugène Gallet.

Mais cette modification devant amener forcément un changement correspondant dans le livre 3, titre 18, du Code civil relatif aux privilèges, il me paraîtrait nécessaire pour atteindre le but que nous poursuivons : d'une part, d'attirer fortement l'attention de M. le Ministre du Commerce, sur les motifs qui nous ont amené, à formuler le vœu que nous avons exprimé en Mai dernier; d'autre part, de lui demander de vouloir bien provoquer la revision du livre 3, titre 18, du Code civil, de façon à le mettre en concordance parfaite avec le Code de commerce modifié.

La Chambre de Commerce d'Amiens a été en effet vivement frappée des conséquences fâcheuses qui résultent pour le

---

celui-ci n'aurait peut-être pas consenti à livrer ses marchandises. Dès lors, il serait injuste de lui enlever, par suite d'une circonstance qu'il ne pouvait prévoir et qui ne dépend pas de sa volonté, le privilège sur lequel la loi lui avait permis de compter. Cependant il est nécessaire d'entourer, en cas de faillite, ce privilège de précautions qui préviennent les abus. C'est ce qui, suivant nous, a été parfaitement résolu par l'article 546 du Code belge ainsi conçu :

« Le privilège et le droit de revendication établis par le n° 4 de « l'article 2,102 du Code civil au profit d'effets mobiliers, ainsi que le « droit de résolution, ne seront pas admis en cas de faillite.

« Néanmoins ce privilège continuera à exister pendant deux ans, à « partir de la livraison, en faveur des fournisseurs de machines et appareils « employés dans les établissements industriels.

« Il n'aura d'effet que pour autant que, dans la quinzaine de cette « livraison, l'acte constatant la vente, soit transcrit sur un registre « spécial, tenu à cet effet au Greffe du Tribunal de Commerce de l'arron-« dissement dans lequel le débiteur aura son domicile, et, à défaut de « domicile, au Greffe du Tribunal dans lequel le débiteur aura sa résidence.

« Le greffier du Tribunal sera tenu de donner connaissance de cette « transcription à toutes les personnes qui en feront la demande.

« Ce privilège pourra être exercé même dans le cas où les machines « et appareils seraient devenus immeubles par destination ou par incor-« poration.

« La livraison sera établie, sauf la preuve contraire, pour les livres du « vendeur.

« En cas de faillite du débiteur, déclarée avant l'expiration des deux « années de la durée du privilège, celui-ci continuera à subsister « jusqu'après la liquidation de ladite faillite. »

développement de notre industrie, de la lacune que présente notre législation en ce qui concerne la situation des constructeurs de machines devenues immeubles par destination, en cas de faillite de leur débiteur.

La crise prolongée dans laquelle se débattent plusieurs de nos principales industries, autrefois très prospères, fait ressortir plus nettement que jamais, tout ce que la loi actuelle a de contraire au bon sens et à l'équité.

Le matériel industriel installé dans un immeuble quelconque est, aux termes de la loi et suivant une jurisprudence constante, considéré comme immeuble par destination; comme tel il est réputé faire partie intégrante de l'immeuble proprement dit dans lequel il est placé, et se trouve englobé au profit, soit du propriétaire, soit d'autres créanciers, dans l'hypothèque dont l'immeuble est lui-même grevé (1).

---

(1) COUR DE PARIS, 25 *Juillet 1846.* — *Le vendeur de machines devenues immeubles par destination n'a au regard des créanciers ayant sur cet immeuble des hypothèques, soit antérieures, soit postérieures à la fourniture de ces machines, ni le droit de la saisie-exécution, ni celui de demander la résolution de la vente.*

La Cour : En ce qui touche les poursuites de saisie-exécution. — Considérant qu'aux termes de la loi, la saisie-exécution ne peut être pratiquée sur les objets devenus immeubles par destination, et que si par exception à ce principe, l'article 593 du Code de procédure civile autorise le vendeur à faire détacher l'objet qu'il a fourni de l'immeuble auquel il a été incorporé pour le faire vendre et se payer sur le prix, ce privilège qui lui est accordé sur les créanciers ordinaires ne peut porter atteinte aux droits des créanciers hypothécaires; qu'en effet l'hypothèque comprend et l'immeuble et les accessoires réputés immeubles, qu'elle s'étend, aux termes de l'article 2,133 du Code civil, à toutes les améliorations survenues à l'immeuble :

Qu'aucune distinction ne saurait être admise entre les créanciers dont l'hypothèque est antérieure à la fourniture de l'objet immobilisé et ceux dont l'hypothèque est postérieure et qu'admettre à l'égard de ceux-ci, le privilège du vendeur, ce serait porter atteinte aux principes du régime hypothécaire dont la publication fait la base, puisque le créancier qui, n'étant prévenu par aucune inscription aurait cru prêter ses fonds sur un immeuble libre, serait exposé à voir disparaître le gage qui lui répondait de sa créance.

Presque toujours ce matériel représente une valeur bien supérieure à celle de l'immeuble qui le renferme, il contribue dans tous les cas à en augmenter l'importance. Et par suite d'une anomalie contre laquelle on ne saurait trop protester, il sert de gage aux bénéficiaires des hypothèques, même alors que leur inscription est antérieure à son installation. A moins toutefois, que le constructeur de ce matériel n'ait, par un procès-verbal dressé dans les formes légales, fait constater l'état des lieux, et encore cette formalité d'une application difficile n'a-t-elle d'autre résultat que de limiter les effets des hypothèques prises antérieurement, aux choses existantes alors, et de faire en cas de déconfiture entrer simplement la créance du constructeur dans la masse des créances chirographaires.

Mais quelles que soient les précautions prises par lui, quelles que puissent être les mesures conservatoires dont il s'entoure, le constructeur ne peut pas faire revêtir à sa créance le caractère d'une créance privilégiée.

La loi française permet bien dans une certaine mesure au vendeur de s'entourer de certaines garanties destinées à sauvegarder ses intérêts.

Mais, d'une part, les avantages qui en découlent, disparaissent presque toujours en cas de faillite. (Voir l'article 593

Considérant que la machine fournie par Macre et fils à Guillermiez a été posée dans le moulin dit Moulin-Brulé, appartenant à ce dernier, le 22 Juillet 1843; qu'elle a été incorporée à l'immeuble, que dès lors elle ne peut être saisie immobilièrement au préjudice des créanciers hypothécaires dont elle est devenue le gage.

En ce qui touche l'action en résolution :

Considérant qu'il est de principe qu'aucun droit de suite ne peut être exercé sur ces meubles ; que, si en cas de non paiement du prix d'un objet mobilier, le vendeur peut demander la résolution de la vente, ce droit ne peut plus être exercé lorsque l'objet vendu a changé de nature, et que, par son incorporation à l'immeuble dont il fait partie intégrante, il a été frappé de l'hypothèque des créanciers inscrits.

Confirme etc.

du Code de procédure civile et l'article 550 du Code de commerce.)

D'autre part, les formalités exigées pour s'assurer le privilège résultant de l'application de l'article 2,103, paragraphe 4, répugnent également au vendeur et à l'acheteur. Elles sortent trop complètement des usages courants et témoignent trop clairement d'une défiance embarrassante pour le vendeur et blessante pour l'acheteur, pour entrer jamais d'une façon suffisamment large dans la pratique des affaires.

L'extension de ce privilège au constructeur d'un matériel industriel, est en outre très contestable.

Cet état de choses constitue une injustice légale des plus regrettables, que rien ne justifie, et à laquelle il conviendrait de remédier ; des considérations qui touchent intimement à notre prospérité nationale, nous imposent en quelque sorte l'obligation de la signaler à l'attention de M. le Ministre du Commerce.

L'abaissement inconsidéré des tarifs des douanes, imposé à notre industrie, sans qu'il ait été suffisamment tenu compte des conditions économiques particulières à la France, joint aux facilités des transports, ont permis aux productions manufacturières de tous genres, créées chez les autres nations d'entrer chez nous en acquittant des droits de douanes presque toujours trop faibles, souvent même véritablement dérisoires.

Les progrès des sciences et des arts industriels se sont répandus partout ; ils ont pénétré chez toutes les nations du nouveau et de l'ancien monde, sous l'action énergique de leurs gouvernements, et des populations entières restées jusqu'alors en dehors de la vie industrielle, s'y sont engagées avec un succès d'autant plus facile et d'autant plus grand, que les salaires des ouvriers et par conséquent les prix de revient des produits manufacturés y étaient et y sont encore beaucoup moins élevés que chez nous.

Nos différentes industries, dans le but de produire aux plus bas prix possibles, se sont trouvées dans l'obligation de perfectionner sans relâche leur outillage, parfois de le renouveler complètement, et souvent même à des intervalles tellement rapprochés, que les bénéfices ne suffisent pas à couvrir les dépenses nouvelles qui leur sont imposées.

Cette situation a mis une partie de nos principales industries, autrefois très prospères, dans un état de malaise et de gêne notoire ; et pourtant, sous peine d'une ruine totale, elles doivent continuer à suivre tous les progrès réalisés.

C'est alors qu'apparaissent les imperfections d'une législation surannée et tout à fait insuffisante pour les besoins actuels.

Le constructeur de machines, dont la mission est de faciliter à nos différentes industries l'application des perfectionnements dès qu'ils sont signalés, ne peut plus, dans l'état précaire où la plupart d'entre elles se trouvent, leur prêter un concours suffisamment efficace ; les sommes qu'il engage dans la confection du matériel industriel qui lui est demandé, sont souvent considérables. Ce matériel devient, aussitôt installé, immeuble par destination, il va dès lors grossir le gage des créanciers hypothécaires, souvent même, ainsi que nous l'avons dit plus haut, alors que l'inscription de l'hypothèque est antérieure à son entrée dans l'immeuble qui en est grevé. S'exposera-t-il alors à compromettre sa propre situation, s'il n'est pas assuré de trouver dans nos lois les moyens faciles de sauvegarder la valeur du matériel industriel qu'il a construit ?

La crise économique et industrielle que nous traversons, a provoqué dans la situation de l'industriel à l'égard du constructeur, un renversement qui caractérise bien l'état de choses actuel, et sur lequel nous ne saurions attirer trop fortement l'attention du gouvernement :

Autrefois l'industriel était obsédé par les offres des constructeurs ; aujourd'hui ces derniers, bien qu'à court de travail, hésitent souvent à accepter les commandes qui leur sont offertes.

Peut-on espérer dans de semblables conditions, voir la France reprendre aux premiers rangs des nations industrielles la place qu'elle avait si longtemps occupée?

Invoquer à ce sujet les besoins de beaucoup de nos industries, ce n'est pas émettre un argument créé pour les besoins de la cause ; il serait malheureusement trop facile d'en donner des preuves nombreuses et irrécusables, une seule suffira :

Vous connaissez tous, Messieurs, la situation déplorable dans laquelle se trouve l'industrie sucrière. Le Gouvernement s'en est ému ; dans le but de l'aider à sortir de la période critique qu'elle traverse, la législation a été, en Juillet 1884, radicalement changée. Mais l'application de l'impôt sur la betterave oblige les fabricants, s'ils veulent retirer de la loi nouvelle les avantages qu'elle leur offre, à ajouter à leur matériel les éléments nécessaires à l'extraction du sucre des mélasses. Le crédit de la grande majorité des sucriers a été profondément ébranlé par une succession d'années désastreuses. Trouveront-ils auprès des constructeurs les facilités qui leur sont nécessaires pour augmenter leur matériel et le mettre au niveau des exigences actuelles? Il est permis d'en douter.

J'ai mis cet exemple sous vos yeux, parce qu'il vous est facile d'en apprécier rapidement la valeur, il serait malheureusement possible d'en trouver d'autres.

Quelques personnes ont exprimé la crainte en concédant au constructeur-mécanicien un privilège sur les machines vendues par lui :

1° de favoriser la création et l'extension exagérée des usines de tous genres ;

2° de provoquer par un développement inconsidéré de l'industrie, une production surabondante et comme conséquence, un avilissement du prix de vente des produits ainsi créés ;

3° de contribuer de cette façon à donner à la crise industrielle actuelle, un caractère d'acuité encore plus grand et
d'amener la ruine d'une partie des usines, soit anciennement,
soit nouvellement installées.

Ces craintes me paraissent faciles à dissiper. En effet, si
l'industriel trouve dans la loi nouvelle des facilités beaucoup
plus grandes qu'autrefois pour acquérir, renouveler ou augmenter le matériel dont il a besoin, il n'aura, plus comme
par le passé, le moyen d'emprunter sur ce matériel, avant
même de l'avoir payé et en le grevant d'hypothèques pendant
la durée du privilège dont jouira le constructeur.

Vous savez, Messieurs, que sous l'empire de la législation
actuelle, l'industriel qui ne travaille pas avec ses propres
capitaux, trouve chez son banquier, en lui donnant des
garanties hypothécaires suffisantes, un crédit proportionné à
la valeur de son matériel.

De telle sorte qu'il arrive souvent que ce matériel, qui n'est
pas entièrement payé à celui qui l'a construit, sert de gage à
un second créancier qui a avancé les fonds nécessaires pour
le faire fonctionner.

L'industriel se trouve ainsi en présence de deux dettes :
celle qu'il a contractée envers le constructeur-mécanicien
pour l'achat de son matériel, et celle qu'il contracte ensuite
envers son bailleur de fonds, en empruntant sur ce même
matériel non payé et dont il n'est en réalité que le propriétaire
fictif. Or en reconnaissant au constructeur-mécanicien un
privilège sur les machines qu'il fournit, on met l'industriel
dans l'impossibilité de donner au susdit bailleur de fonds des
garanties aussi complètes que celles qui résultent d'une pre-
mière hypothèque, puisque ce matériel impayé est déjà
grevé, au profit de celui qui l'a vendu, d'un privilège de
premier ordre.

L'industriel ne peut donc plus emprunter sur son matériel
avant de l'avoir payé et si d'une part, il lui est plus facile de

se faire livrer le matériel dont il a besoin, il lui sera d'autre part, beaucoup plus difficile de trouver les fonds nécessaires pour le faire fonctionner.

La modification de la loi, loin d'étendre les facilités de crédit que l'industriel trouve aujourd'hui, sous l'empire de la législation actuelle, aura donc pour effet d'en changer l'assiette ; elle aura, pour conséquence, de laisser le débiteur en face de son créancier naturel, le constructeur de machines ; elle rendra en outre impossible la naissance de deux dettes contractées sur le même objet.

La situation faite au vendeur du matériel industriel devenu immeuble par destination, constitue, ainsi que je l'ai déjà dit, une injustice légale dont on ne peut trouver l'explication qu'en se reportant à l'époque où les lois qui régissent la matière, ont été élaborées.

A l'époque de la confection du Code, au commencement de ce siècle, l'industrie était presqu'à ses débuts, la plupart des métiers étaient mis en mouvement par la main de l'homme ou à l'aide de manèges actionnés par des chevaux. Les seules forces motrices connues étaient l'eau pour les machines les plus puissantes, et le vent pour les moulins presque exclusivement consacrés à la mouture des grains et à la fabrication des huiles. Le matériel industriel le plus souvent en usage à cette époque, se trouvait divisé en petites parties proportionnées aux forces des hommes ou des animaux qui les mettaient en mouvement. Presque toujours, celui qui travaillait sur un métier en était propriétaire et le matériel industriel essentiellement mobile, d'un déplacement facile, ne pouvait être, sauf en ce qui concernait les moulins à eau et à vent, considéré même par assimilation, comme immeuble par destination.

Il n'est pas étonnant que le législateur ne se soit pas préoccupé davantage de sauvegarder les intérêts des constructeurs de machines. Il existait alors entre les besoins de la plupart de nos industries et les lois, une concordance suffisante.

Mais, l'extension considérable prise par l'industrie depuis l'application de la vapeur et la vulgarisation de son emploi, la possibilité de donner aux machines une puissance presque sans limites, ont modifié complètement l'état de choses existant autrefois.

Le travail mécanique a remplacé presque partout le travail à la main ; les éléments jadis éparpillés ont été réunis dans de vastes ateliers ; le matériel industriel a, dès lors, acquis rapidement l'importance que nous lui connaissons.

Le nombre des constructeurs de métiers et de machines de tous genres s'est développé en proportion directe des besoins. Des capitaux énormes ont été engagés par ces constructeurs pour la création ou l'entretien des usines de tous genres.

Le matériel industriel en raison même des nouvelles formes qu'il revêtait a été justement assimilé aux immeubles, par les Tribunaux et les Cours appelés à statuer sur les litiges soumis à leur appréciation.

Mais les lois sont restées à peu près ce qu'elles étaient lors de la rédaction du Code, il y a près d'un siècle.

Les inconvénients qui résultent d'un tel état de choses n'ont pas tardé à apparaître. Ils ont été plus vivement ressentis par nos voisins les belges, que par nous, et dès l'année 1851, les parties du Code Napoléon relatives aux faillites et aux privilèges et hypothèques ont été complètement refondues pour donner naissance à des dispositions législatives nouvelles.

Les lois des 18-24 Avril et 16-22 Décembre 1851 créèrent alors au profit des constructeurs-mécaniciens, le privilège du vendeur en en limitant la durée à deux ans.

L'Union industrielle de Valenciennes et d'Avesnes fait remarquer dans la pétition dont vous m'avez confié l'examen, que le privilège résultant de la loi belge est limité à une durée de deux ans et que l'équité permettrait d'octroyer à la France une loi plus large en assimilant plus complètement le privilège des constructeurs, au privilège du vendeur d'un immeuble proprement dit.

Cette proposition paraît au premier aspect plus rationnelle et plus juste, pourtant un examen approfondi de la question me conduit à ne pas l'appuyer.

En effet, d'une part, l'industriel qui, pendant une période de deux années, n'aura pas réussi à réaliser assez de bénéfices pour désintéresser en très grande partie le constructeur de son matériel et pour lui donner pour le surplus des garanties sérieuses et sûres, ne peut guère conserver l'espoir d'y parvenir;

D'autre part, le constructeur qui n'aura pas touché la valeur de ses fournitures conservera, à l'expiration de son privilège, la faculté de protéger sa créance par une hypothèque.

Enfin l'obligation pour le constructeur de s'entourèr de certaines précautions dans la livraison de ses machines, aura inévitablement pour effet, de maintenir dans des limites rationnelles l'extension des différentes industries et de mettre un frein au développement exagéré du matériel industriel.

J'ajouterai que la modification à apporter dans nos lois par l'application au matériel industriel du privilège en matière de vente d'immeubles, ne devra présenter aucune difficulté dans la pratique.

Ce privilège est unanimement considéré comme logique, il est accepté comme une conséquence très juste de l'impossibilité où l'acquéreur se trouve souvent de payer de suite et intégralement le prix de son achat. Il est en quelque sorte passé dans nos mœurs en matière de transactions de ce genre.

J'ai l'honneur, en conséquence, de vous proposer : 1° de prendre une délibération par laquelle la Chambre attire de nouveau l'attention de M. le Ministre du Commerce sur la modification réclamée par elle à l'article 550 du Code de commerce dans son rapport sur le projet de loi relatif à la réforme de la législation des faillites ; 2° sur les motifs exposés ci-dessus à l'appui de ce changement et comme conséquence forcée, sur la nécessité de modifier dans le même sens le livre 3, titre 18, du Code civil relatif aux privilèges et hypothèques.

Le Rapporteur,

Eugène GALLET.

La Chambre, après avoir entendu la lecture de ce rapport, et après en avoir délibéré dans sa séance du 18 Novembre et dans celle du 2 Décembre, en adopte les conclusions. Elle vote des remerciements à M. Eugène Gallet, et décide que son rapport sera imprimé et adressé à M. le Ministre du Commerce, à M. le Garde des Sceaux Ministre de la Justice, à MM. les Sénateurs et Députés de la Somme, et à toutes les Chambres de Commerce et Chambres consultatives des Arts et Manufactures.

Pour copie conforme :

Le Président de la Chambre,

Charles LABBÉ.

27917. — AMIENS. — IMP. T. JEUNET.